N 73 MS

TRAUMZIEL

NORWEGEN

Martin Schulte-Kellinghaus • Erich Spiegelhalter • Bernhard Pollmann

BRUCKMANN

NORWEGEN
N
0
150 km
Nordmeer
Atlantischer Ozean
NORWEGEN
SCHWEDEN
FINNLAND
RUSSLAND
ESTLAND
LETTLAND
DÄNEMARK
Nordkapp
Honningsvåg
Hammerfest
Alta
Kirkenes
Tromsø
Harstad
Narvik
Bodø
Mo I Rana
Mosjøen
Namsos
Steinkjer
Trondheim
Kristiansund
Molde
Ålesund
Bergen
Haugesund
Stavanger
Egersund
Kristiansand
Arendal
Lillehammer
OSLO
Moss
Sandefjord
Porsgrunn
Drammen
Göteborg
Uddevalla
Ålborg
Frederikshavn
Kiruna
Malmberget
Luleå
Boden
Skellefteå
Umeå
Örnsköldsvik
Östersund
Sundsvall
Hudiksvall
Gävle
Falun
Borlänge
Uppsala
Västerås
Örebro
Karlstad
STOCKHOLM
Norrköping
Linköping
Jönköping
Borås
Västervik
Visby
Rovaniemi
Kemi
Oulu
Kajaani
Kokkola
Vaasa
Kuopio
Joensuu
Jyväskylä
Tampere
Pori
Rauma
Turku
Espoo
HELSINKI
Lahti
Kouvola
Kotka
Savonlinna
Bottnischer Meerbusen
Finnischer Meerbusen
Skagerrak

Inhalt

Erste Annäherung

Das Meer und der Fischfang sind an den Küsten untrennbar miteinander verbunden. Rechts: 2518 Straßenkilometer vom Nordkap entfernt markieren die Felsen von Lindesnes den südlichsten Punkt des norwegischen Festlands. Wahrzeichen von Lindesnes ist das Lindesnes fyr, ein 1915 errichteter Leuchtturm, dessen Aussichtsgalerie einen hervorragenden Blick auf die von Felsen geprägte Sørlandküste mit ihren Inseln und auf die See bietet.

Wie zu Wikingerzeiten nähern sich die meisten Reisenden auch zu Beginn des dritten Jahrtausends Norwegen per Schiff, und der letzte Teil dieser Annäherung ist der schönste: Ruhig gleitet die Fähre am frühen Morgen durch den Oslofjord, voller Erwartung und Vorfreude stehst du an Deck und siehst das felsigbergige Land sich aus dem Meer erheben. Über den Küsten und Inseln spannt sich endlos der Himmel, Seevögel schreien, Fischkutter stemmen sich dem auflaufenden Wasser entgegen, landeinwärts zeigen sich Heideflächen, Felsen, Wiesen und rot gestrichene Holzhäuser, dunkle Berghänge und windzerzauste Kiefern. Du atmest die reine Luft und den Geruch des Meeres, denkst nichts, schaust nur und spürst: Norwegen, ein Traum, der Wirklichkeit wird.

Ob die Fähre Kurs auf Oslo nimmt, auf Larvik in Telemark oder auf Kristiansand im Sørland im äußersten Süden: Fast immer ist die Annäherung gleich und dennoch jedesmal neu, das Wetter ist zweitrangig, bei Sonne und blauem Himmel ist die Seele des Landes ebenso spürbar wie

im Nebel, hinter Regenschleiern und im Schnee. Mit Oslo als Ziel ist die Annäherung am schönsten, weil dann die lange Autofahrt nach Nordjütland entfällt und man eine komfortable Seereise hinter sich hat: Ausgeruht und voller Tatendrang blickt man dem Ziel entgegen.

Beim ersten Mal stand ich um sechs Uhr morgens an Deck und sah auf dieses unbekannte und dennoch so überraschend vertraut scheinende Land, das unter der Sonne eines klaren Herbsttags erwachte: welche Farben, welche Klarheit, was für ein Licht! Es war die magische Stunde der Dämmerung, nicht mehr Nacht und noch nicht Tag: der Himmel tiefblau, alles hielt den Atem an und wartete auf die Sonne; das Land lag da wie verzaubert. Hinter den Bergen im Osten breitete sich ein goldener Lichtschimmer aus, hellte das Blau der Dämmerung auf; erste Strahlen blitzten über einen Berghang, alles verwandelte sich, dann war sie da: die Sonne, über den Bergen, über den Felsen, über dem Meer.

Ebenso wie Landschaftsformen, Wasserfälle, Berge, Fjorde und Städte und das Licht prägen die Begegnungen mit Menschen die Beziehung zu Norwegen. Es ist so einfach zu behaupten, Menschen seien letztendlich überall gleich und hegten die gleichen Sehnsüchte und Träume: Warum fahren dann die meisten nach Mallorca, an die Costa Brava oder nach Italien und tummeln sich vor Bettenburgkulissen an überfüllten Stränden, während es vergleichsweise wenige nach Norden zieht?

Pflanzenzauber im Setesdal bei Byklestøl.
Rechte Seite: Bei der Hafenstadt Sandefjord am Eingang des Oslofjords wurde das Gokstadschiff entdeckt. Dieses Wikinger-Langschiff aus Eichenholz ist im Vikingskiphuset auf der Osloer Museumshalbinsel Bygdøy ausgestellt; eine Nachbildung liegt an der Brücke des Hafens von Sandefjord.

Was ist das Faszinierende eines Landes, das zu zwei Dritteln aus unbewirtschaftbarem Bergland, Fels und Moor besteht, eines Landes, das zu den Hochpreisländern Europas zählt, eines Landes, in dem es vergleichseise kalt ist, eines Landes, dessen Bewohner so eigensinnig sind, dass sie schon zweimal in Volksabstimmungen den Beitritt zur EG bzw. zur EU abgelehnt haben? Warum fahren wir in dieses Land – und kehren, wenn wir es einmal erlebt haben, immer wieder zurück? Ist es der Versuch, sich von den standardisierten Ferienbetätigungen der Fun-, Berieselungs- und Massengesellschaft zu distanzieren, um etwas Einzigartiges zu erleben? Erleben statt Konsumieren? Ist es die Sehnsucht, in einer immer schnelllebigeren Zeit anstelle von zerstörten und verbauten Landschaften dem zu begegnen, was ursprünglich ist, was ewig zu sein scheint und die Seele berührt? Bergland, das sich dem wirtschaftenden Zugriff des Menschen entzieht, Täler, Fjorde und in Gletscher gehüllte Felshäupter, Landschaften fern vom Rasen der Welt, ohne Gasthaus, Sessellift und Seilbahn, ohne Disneylandversatz? Schönheit, die einfach nur da ist, still, gewaltig, erhaben – wie ein Sonnenaufgang?

Die anderen Reisenden schliefen noch an jenem ersten Morgen, auch die Frühstücksräume hatten noch geschlossen. Wir standen zu zweit auf dem Aussichtsdeck, die andere Person kannte ich nicht: eine sympathisch und gut aussehende Norwegerin mit Rucksack. Wir begleiteten uns ohne Worte seit der Abfahrt in Kiel, waren nebeneinander an der Reling gestanden, waren draußen im Wind gesessen, hatten den Sonnenuntergang genos-

Johnson

RISØR SLIPP A/S

Die Otra ist die Lebensader des Tals Setesdal. Links: Der 34 km lange See Byglandsfjord, ein Wassersportparadies, vor dessen Südende die Stadt Evje liegt, bildet das Bindeglied zwischen dem Tal Setesdal und dem Gebiet um Kristiansand. In den Sommermonaten befährt das historische Dampfschiff »D/S Bjoren« als Ausflugsschiff die frühere Hauptverkehrsstrecke von Byglandsfjord nach Ose im Norden des Sees.

sen. Wir suchten beide die Sonne, den Wind und das Meer, während uns die Diskothek, der Duty-Free-Shop, die Fernsehräume und die anderen Freizeiteinrichtungen auf dem Schiff gleichgültig waren. Wir teilten dieses zauberhafte Erlebnis der Annäherung an Norwegen, ohne uns durch ewig gleiche Worte in ewig gleiche Bekanntschaftsrituale zu verwickeln: Wo kommst du her, wo fährst du hin … Weder von der Dunkelheit noch von der Kälte ließen wir uns vertreiben: Aufs Meer zu sehen, das Rauschen der Wellen zu hören, zu den Sternen im Nachthimmel aufzublicken, den Wind zu spüren – das war die Wirklichkeit, die Annäherung an Norwegen. Da sein, still sein, lauschen, offen und mit allen Sinnen.

Wir waren die Letzten an Deck, am Morgen war ich der Erste – und wenige Minuten nach mir kam die unbekannte Norwegerin herauf. Zum ersten Mal lachten wir uns offen an. Wir freuten uns, sie sagte etwas auf Norwegisch, ich antwortete auf Deutsch, und mir war klar: Ich muss Norwegisch lernen! Wir glitten den Oslo-

Im Sommer ist die Südküste von der Sonne verwöhnt. Brekkestø ist eines von vielen malerischen Fischerdörfchen. Rechte Seite: Die Ferienhäuser auf den Schäreninseln bei Brekkestø verbreiten ein mediterranes Flair.

fjord hinauf, sahen hinaus auf die Felsen und das Wasser, erlebten die Annäherung an Norwegen gemeinsam und doch jeder für sich – ohne Worte. Als die Boardlautsprecher die Fahrgäste zu den Wagen riefen, verabschiedeten wir uns, wie unsere Begegnung gewesen war: ohne Worte, mit einem Lächeln.

Nach diesem verheißungsvollen Auftakt wurde ich unsanft auf den Boden der norwegischen Zollrealität geholt. Ich fuhr eine Kombilimousine, die in Norwegen als Luxusfahrzeug gilt. Vielleicht sah ich zu jung aus für diesen Wagen, vielleicht waren meine Haare zu lang, außerdem war ich allein: »Wohin fahren Sie?« – »In das Tal Gudbrandsdalen, um in der Umgebung zu wandern.« Der Zöllner grinste, hinterhältig lauernd, als hätte er mir im Geist schon die Handschellen angelegt: »Allein?« Als ich bejahte, winkte er mich aus der Schlange, ich musste in eine Halle steuern, der Wagen wurde gefilzt: Trekkingstiefel kamen zum Vorschein, zwei Rucksäcke, Schlafsack, Wanderausrüstung, Zelt, Proviant, Fotoapparate ... Sie merkten rasch, dass ich weder Alkohol noch Drogen oder Waffen schmuggle, und nach zehn Minuten war die nervende Prozedur beendet.

Ich wusste damals nicht, dass eine Grundregel des Wanderns in Norwegen lautet: Geh niemals allein! Ich war naiv, verstand nicht einmal, warum der Zöllner mir zuletzt den Ratschlag erteilte: Ich solle aufpassen, es sei in Norwegen gefährlich, allein zu wandern. Als Kind des Schwarzwalds bin ich daran gewöhnt zu wandern – auch allein. Warum sollte es in Norwegen anders sein?

Nach dem Erlebnis am Zoll und angesichts des prachvollen Herbstwetters verschob ich den Besuch der Hauptstadt. Ich wollte hinaus aufs Land, das ich bislang nur von der Fähre aus gesehen hatte. Ich fuhr nordwärts auf der Europastraße 6, die durch ganz Norwegen führt und die Traumstraße für all jene darstellt, deren Ziel das Nordkap ist. Alljährlich unternehmen Tausende diese Fahrt: Norwegen erstreckt sich über 13 Breitengrade von den Schären der Skagerrakküste bis zu dem Nordkapfelsen in der Brandung des Nördlichen Eismeers. Diese gewaltige Süd-Nord-Ausdehnung entspricht der Entfernung von Hamburg nach Neapel und ist mit einer landschaftlichen, botanischen und kulturellen Vielfalt ohnegleichen verbunden.

Nordkap? Irgendwann, vielleicht. Auf dieser ersten Fahrt nordwärts war das Tal Gudbrandsdalen mein Ziel, und diese Fahrt war ein einziger Rausch aus Herbstfarben und Licht. An der Mjøsa, dem größten norwegischen Binnensee, wechselte ich auf die Nebenstraße am Westufer. Immer wieder hielt ich an und stieg aus, um diese überwältigende Schönheit zu schauen: Starker Wind schüttelte die Bäume, jagte goldene Herbstblätter über die Ufer, ließ Wellen mit Schaumkronen über den tiefblauen See laufen; dahinter erhoben sich die Kuppen und Rücken waldbedeckter Berge, alles beleuchtet von einer tief stehenden Sonne, die jedes Blatt, jedes Gras und jede Welle in einem gleißenden Licht erscheinen ließ – diese Landschaft war wie ein lebendiges Gemälde.

Helgøya heißt die Insel, die mehr als 200 Meter aus dem See aufragt: »Heilige Insel« übersetzte ich mithilfe des Wörterbuchs, und dieser Name fügte sich nahtlos ein in das Erleben der Landschaft – heilige Insel, göttliches Land. So wie Haller, Rousseau, Hölderlin und viele andere vor mehr als 200 Jahren die Alpen als mythisches Gebirge und Seelenlandschaft entdeckt und besungen hatten, so kam mir an diesem Herbsttag Norwegen vor: als Land, in dem die Berge nicht nur Berge sind und die Seen nicht nur Seen, sondern Zeichen und Symbole, die hinausweisen auf eine Wirklichkeit, die die Seele berührt.

Ebenso eindrucksvoll wie die Landschaft empfand ich die erste Stadt, in der ich einen Zwischenstopp einlegte: die Kunst- und Olympiastadt Lillehammer am Austritt des Tals Gudbrandsdalen in die Weitung des Mjøsa-Sees. Das reizvolle Grenzgebiet zwischen Kulturland und Fjell zog seit dem 19. Jahrhundert Künstler an und hat bis heute einen besonderen Flair aus Kunst und Kultiviertheit bewahrt. Ich ließ mich durch die Fußgängerzone treiben mit dem Blick des Fremden, dem alles neu ist und der alles neugierig in sich aufnimmt, die Architektur ebenso wie die Menschen. Dabei dachte ich an die Unbekannte auf der Fähre, lauschte im Café den Gesprächen, ohne ein Wort zu verstehen, und wieder war die Kommunikation nur auf Blicke beschränkt, weil ich die Sprache nicht sprach. Wie oft war ich später wieder in Lillehammer, der Stadt der Literaturnobelpreisträgerin Sigrid Undset! Die Ausstrahlung dieser Stadt blieb stets dieselbe: eine Verbindung aus Kultur und selbstbewusster Tradition sowie einer leicht erotischen und zugleich gepflegt bohémienhaften Atmosphäre.

Auf dem Felsen von Lindesnes wurde 1656 das erste Leuchtfeuer in der neuzeitlichen Geschichte Norwegens entzündet. Linke Seite: An den Fuß steiler Felshöhen schmiegen sich die Holzhäuser von Åna-Sira am serpentinenreichen Riksvei 44 an der Sørlandküste.

Der Maihaugen bei Lillehammer zählt zu den bedeutendsten Freilichtmuseen Norwegens, doch den Museumsbesuch verschob ich während dieser ersten Reise, um erst einmal auszutesten, wie »gefährlich« in Norwegen das Wandern ist, vor dem mich die Zöllner gewarnt hatten.

Ich fuhr hinauf in das Wintersportzentrum Nordseter, zog die Trekkingstiefel an und folgte einem Pfad auf einen Berg namens Neverfjell, dem

Der Telemarkkanal aus dem Jahr 1892 wurde als »achtes Weltwunder« bezeichnet. Rechts: Das Kirchdorf Valle, ein Zentrum des Kunsthandwerks (Silberschmieden), liegt in einer von Gneiswänden umstandenen Setesdal-Weitung an der Otra. Gräberfunde lassen darauf schließen, dass die Talweitung bereits zur Wikingerzeit genutzt wurde.

die Karte großen Aussichtsreichtum zuschrieb. Es war eine leichte Wanderung, eher ein kleiner Spaziergang, dennoch bewegte ich mich wie einer anderen Welt. Kein Weg, sondern ein naturbelassener Pfad führte auf diesen Berg. Das war der erste große Unterschied zu den breiten, forstfahrzeugefähigen Wanderwegen in Deutschland. Auch im Schwarzwald, in den Vogesen und anderen unserer Gebirge gibt es noch Fels- und Wurzelpfade, aber dort sind sie selten geworden. Hier hingegen wurde mir die Warnung der Zöllner verständlich: Im norwegischen Fjell gibt es nur Pfade und Steige, auf denen man in Turnschuhen oder Sandalen nicht weit kommt.

Es war ein Pfad, der auch vor 2000 Jahren nicht viel anders ausgesehen hätte. Obwohl er keineswegs fern der Zivilisation verlief, kam ich mir vor, als sei ich auf dem Weg zurück in eine archaische Welt. Unter den Stiefeln schmatzte das Moor, Schafe liefen frei herum ohne Hund und Hüter, weit und breit kein Haus, nur hier und da

Schloss und Festung Akershus zählen zu den Hauptsehenswürdigkeiten Oslos. Links: Norwegens Metropole liegt am Fuß bewaldeter Berge an den Ufern des tief in das Land einschneidenden Oslofjords. Residenz- und Hauptstadt, Universitäts- und Kulturzentrum, ist Oslo die bedeutendste Hafen- und Handels- sowie mit knapp 490 000 Einwohnern auch die bevölkerungsreichste Stadt des Landes.

eine Holzhütte, keine Menschen und keine Wandergruppen. Ich hatte nicht nur mit dem Wetter Glück; es war auch gut, bei dieser ersten Begegnung mit Norwegen allein zu sein und ohne Ablenkung all diese Schönheit und Eindrücke aufnehmen und einwirken lassen zu können.

Ich gehe gern zu zweit oder in der Gruppe, aber ich gehe ebenso gern allein; wieder fiel mir die Unbekannte auf der Fähre ein, auch sie war allein gewesen und hatte es offensichtlich ebenso genossen wie ich. Wetterkiefern und fahnenwüchsige Fichten kündigten das Ende der Waldzone an, und nun befand ich mich in der aussichtsreichen Region, die neben den Fjorden und Tälern und der Mitternachtssonne die Einzigartigkeit Norwegens ausmacht: dem Fjell.

Unabhängig von der Höhe über dem Meeresspiegel wird das Bergland oberhalb der Nadelwaldgrenze in Norwegen als »Fjell« bezeichnet; es umfasst jenen Teil der Gebirge, der sich der wirtschaftlichen Nutzung und menschlichen Dauerbesied-

lung entzieht. Das Wort »Fjell« ist verwandt mit dem deutschen »Feld« und bezog sich ursprünglich auf die weiten, von eiszeitlichen Gletschern überformten Gebirgshochflächen. Heute wird unter »Fjell« alles Bergland oberhalb der Nadelwaldgrenze bezeichnet: Der eher hügelige Fjelltyp beidseits des Tals Gudbrandsdalen ebenso wie das Plateaufjell mit seinen welligen Hochflächen oder das alpine Fjell mit Gipfeln wie im westlichen Jotunheimen-Gebirge. Damals, bei der ersten Begegnung mit dem Fjell, ahnte ich nur, was sich in den folgenden Jahren auf allen Wanderungen bestätigt hat: Mit Ausnahme von bewirtschafteten Wäldern begegnet einem auf Fjellwanderungen alles, was das Draußensein zum faszinierenden Abenteuer werden lassen kann – Gipfel und Grate aller Schwierigkeitsgrade, Gletscher, fruchtbare Almtäler und idyllische Seen, sanfte Kuppen und steile Geröllflanken, Birkenwälder und Moore, Schluchten und Canyons, tosende Wasserfälle – und über all dem das Brausen der natürlichen Stille fern vom lauten und doch so nichtigen Treiben der Städte.

Das Neverfjell, auf dem ich oberhalb von Lillehammer stand, erreicht nur eine Höhe von 1089 Metern, und doch ergriff mich von Anfang an das Faszinierende dieser Fjell-Landschaft: welche Weite, welche Aussicht, welch unendlichen Horizonte an Möglichkeiten! Jenseits des Tals Gudbrandsdalen zeigten sich die Berge, in denen Peer Gynt gejagt haben soll, dahinter ahnte ich im Dunst die Felshäupter des Jotunheimen-Gebirges, des »Heims der Riesen«, im Norden zeigten sich in der Ferne die schneeüberzuckerten Gipfel des Rondane-Gebirges, des neben dem Jotunheimen-Nationalpark meistbesuchten Wandergebiets in Norwegen. Wie ein Zauberschloss ragten sie in der klaren Nachmittagssonne aus dem flachwelligen Hochland über dem Tal Gudbrandsdalen auf, wie Fels gewordene Wegweiser: Komm!

Straßenmusikantin in der Fußgängerzone von Oslo. Linke Seite: Einer der beiden großen Parks in Oslo ist der Frognerpark mit dem Hauptwerk des Bildhauers Gustav Vigeland: ein Ensemble aus 190 Skulpturen in Bronze und Granit.

Ich dachte an die norwegische Nationalhymne, die der nachmalige Literaturnobelpreisträger Bjørnstjerne Bjørnson – sein als Museum zugängliches Haus befindet sich ebenfalls im Bannkreis von Lillehammer: in Aulestad – im Jahr 1859 gedichtet hat. Es war mir aufgefallen, dass diese Hymne nicht wie andere einen Staat »über alles, über alles in der Welt« stellte wie die deutsche Nationalhymne, auch nicht in der ersten Strophe einen Monarchen pries wie die britische oder die dänische Nationalhymne oder das politische »Vaterland« in den Vordergrund stellte wie die französische Marseillaise, sondern schlicht das Land: das geliebte Land in seiner Großartigkeit, Wildheit und Schönheit. Als ich auf dem Neverfjell stand, glaubte ich zu

verstehen, was die Zeilen des Dichters bedeuten:

Ja, vi elsker dette landet
som det stiger frem,
furet, værbitt over vannet
med de tusen hjem, –
elsker, elsker det og tenker
på vår far og mor
og den saganatt som senker
drømme på vår jord.

Ja, wir lieben dieses Land,
wie es aufsteigt
zerfurcht, wettergegerbt aus dem Wasser
mit seinen tausend [Berg-]Heimen, –
lieben, lieben es und denken
an unseren Vater und unsere Mutter
und an die Saga-Nacht, die herabsenkt
Träume auf unsere Erde.

Träume auf unsere Erde, das Land ein geliebtes Paradies. Ich wanderte zurück, fuhr auf der E 6 nordwärts durch das Gudbrandsdalen: Die Zauberschloss-Berge waren mein Ziel.

Das Gudbrandsdalen durchzieht auf einer Länge von mehr als 200 Kilometern die Gebirgswelt des nördlichen Ostnorwegen. »Dalen over alle daler«, »Tal über allen Tälern«, nannte der romantische Dichter Henrik Wergeland dieses imposante Tal, dessen Hänge sich vielfach steil bis auf Höhen von 1000 Metern hinaufschwingen. Beidseits des vom Lågen durchflossenen Talgrunds liegen zum Teil jahrhundertealte Bauernhöfe, westlich des Tals erstrecken sich Ausläufer des Jotunheimen-Gebirges,

Wind und Wetter trotzende Bäume krallen ihr Wurzelwerk in die Felsen von Klein- und Kleinstinseln. Linke Seite: In Frühjahr und Sommer entfaltet sich in den niedrigen Lagen von Sør- und Vestlandet eine üppige Vegetation.

im Osten erheben sich die Gebirgslandschaften von Øyerfjellet und Ringebufjellet sowie der Nationalpark Rondane.

Im Städtchen Otta an der Einmündung des gleichnamigen Tals, in dem der Literaturnobelpreisträger Knut Hamsun in einem heute als Museum zugänglichen winzigen Haus geboren worden war, erledigte ich Einkäufe und bog auf die Serpentinenstraße Richtung Rondane ab, parkte am Ende der Mautstraße, packte Zelt, Schlafsack und Liegematte in den Tourenrucksack und wanderte hinein in die Wirklichkeit dieser schneeüberzuckerten Berge.

Auch wenn die Annäherung an Norwegen im Oslofjord schön gewesen war, auch wenn ich den See Mjøsa und seine Umgebung als Gemälde und Lillehammer als reizvolle Künstlerstadt empfunden hatte: Hier, im Gebirge jenseits der Straßen, hier, als kleiner Punkt zwischen Rentierflechten, Zwergbirken und Felsen, hier in Wind und Kälte, umgeben von Herbstfarben, Weite und Licht, hier begann für mich Norwegen. Hier begann das, was niemanden mehr loslässt, der es erlebt hat: Friluftsliv – »Freiluftleben«, das Draußenleben in der Natur.

Begründet wurde die norwegische Friluftsliv-Tradition im 19. Jahrhundert von naturforschenden »Touristen«, die durch die Berge und durch abgelegene Täler wanderten und zu Hause von ihren Entdeckungen und Fahrten berichteten.

Beim Friluftsliv geht es nicht darum, möglichst viele Gipfel zu bezwingen, die ausgesetztesten Grate zu begehen, die weiteste Aussicht zu genießen und andere Dinge zu erleben, die als »Superlative« gelten, auch wenn der Galdhøpiggen als höchster Berg des Nordens ein spannendes Ziel ist. Es geht darum, draußen in und mit der Natur zu sein, im Einklang mit ihrer Schönheit und ihren unerbittlichen Gesetzen zurückzukehren zu sich selbst – denn der Mensch ist Natur, auch wenn die meisten es vergessen haben.

Friluftsliv umfasst alle naturnahen Aktivitäten, also je nach Gelände Bergsteigen, Wandern oder Klettern, Skilaufen, Schwimmen, Gipfel erklimmen; dazu gehört sein Zelt tragen und sich mühen, Moore Durchqueren, Flüsse Durchwaten, mit eisklammen Fingern ein Feuer bauen, ein blauer Himmel, ein Regenbogen, Nebel und Sturm, Einschlafen im Mondlicht, Erwachen und die Sonne aufgehen sehen.

Entsprechend dem Friluftsliv-Gedanken wird in Norwegen anders als in Deutschland kein Unterschied zwischen Wandern, Bergwandern, Bergsteigen und Trekking gemacht, der gemeinsame Name heißt Fjelltur: Bergfahrt. Das bedeutet, dass die Grenzen zwischen Wandern, Bergsteigen und Trekking fließend sind: Leichte Klettereien und Passagen, die Trittsicherheit und Schwindelfreiheit erfordern, würzen die Zustiege zu Zweitausendern und sind auch beim Gang auf »kleine« Gipfel keine Seltenheit. Auch die wandertouristische Infrastruktur entspricht weitgehend dem Friluftslivgedanken: Anders als in den Alpen oder den deutschen Mittelgebirgen werden keine autofähigen Wirtschaftswege angelegt, auf denen Wandergruppen bequem einherschreiten können; die fußbreiten Pfade und Steige durchqueren das Land, ohne dass die Natur zivilisatorischen Komfort- und Sicherheitsbedürfnissen angepasst wird. Und wo sich doch Steig- oder Gehhilfen finden, sind sie meist naturnah wie vor tausenden von Jahren: Im Moor liegt ein Knüppeldamm, Baumstämme fungieren als Bachbrücke, schwankende Hängebrücken machen Schluchten überschreitbar. Es gibt keine Gipfelrestaurants, die Brotzeit muss im Rucksack getragen, muss gesucht werden.

Geisterhaft ragen die Spitzen der Fichten aus den Nebeln im Atnedalen am Rand des Nationalparks Rondane.

Friluftsliv ist eine Entdeckungsfahrt, die Körper, Sinne und Geist völlig fordert. Friluftsliv ist ein Abenteuer, das Kraft verlangt und Energien und Fähigkeiten lebendig werden lässt, die im sonstigen Leben meist verschüttet bleiben: sich in Freiheit bewegen, schwindelfrei auf Graten und Zinnen stehen, Grenzen überschreiten oder sich behutsam zurückziehen, nicht die Natur beherrschen und vernichten, sondern aktiv Teil sein des Ganzen wie der Berg, die Wolke, das Wasser; wie der Sturm, die Kiefer, das Wollgras – Natur sein, zu Hause sein.

Den rechtlichen Rahmen für das Friluftsliv bildet der Allemannsretten [Allgemeinrecht]. Dieses Recht unterscheidet zwischen Kulturland und unkultiviertem Ödland und billigt allen zu, sich im Ödland ganzjährig frei zu bewegen, wenn es rücksichtsvoll geschieht und der etwaige Besitzer kein Verbotsschild aufgestellt hat.

Jeder darf sein Zelt überall aufbauen, wenn er einen Abstand von 50 Metern zum nächsten Haus wahrt und nicht in ein umzäuntes Gelände eindringt.

Die erste Nacht draußen im norwegischen Fjell. Das Wetter hatte umgeschlagen, ich stieg einen Hang hinauf, um möglichst weit oben, aber noch unterhalb der Schneegrenze, das Nachtlager zu bauen. Ich richtete mich ein und sah dem Treiben der Schneeflocken im Abendlicht zu. Lichtteppiche zogen mit rasender Geschwindigkeit über die Täler und die Flanken der Berge, gerade noch gleißendes Licht, jetzt kalter Schatten und dichtes Schneetreiben, dann wieder klarstes Licht. Ja, es war kalt, eiskalt, in den zerklüfteten Felswänden hinter mir schrien schwarze Vögel, ich sah auf den wild von Wolken zerrissenen Himmel, in dem immer wieder die sinkende Sonne aufblitzte.

Ich fühlte mich unsicher. Ich dachte an die Einfachheit des Routinelebens zu Hause, wo man, wenn man keine sozialen Probleme hat, im Grunde nicht viel mehr tut als immerzu Geld verdienen: Schreibtische, Konferenzen, Computer, das Geld wieder ausgeben für Schnickschnack, von dem man das meiste doch nicht braucht, ein Haus abbezahlen, ein Auto; alles so einfach und letztendlich eine Erstarrung, in der das wirkliche Leben auf der Strecke bleibt. Hier hingegen, im Schneetreiben auf dem Hangabsatz vor den Felsen des Rondane-Gebirges, hatte ich zum ersten Mal seit Jahren das Gefühl, voll und ganz gefordert zu sein: gezwungen zu sein, ganz zu leben.

Als ich am Morgen erwachte, lagen auch

Im Spiel der Elemente: von Wasser und Eis geprägte Steinformationen.

die Täler unter einer Schneedecke. Am Himmel trieb träge eine Masse nassgrauer Wolken. Nein, das war etwas anderes als der Schwarzwald oder die Vogesen, für diese Situation war ich nicht gerüstet. War ich am Abend zuvor nur unsicher gewesen, musste ich nun einsehen, dass ich mit dem ersten Versuch, in diese Fjell- und Friluftsliv-Wirklichkeit einzutauchen, gescheitert war. Ich sah in die Runde der Rondane-Berge und dankte ihnen für ihre Lehre: Es reicht nicht, Mann aus der Stadt, eine gute Ausrüstung zu kaufen und zu uns zu kommen. Kaufen kann jeder, aber uns gibt es nicht zu kaufen wie eine Eintrittskarte zum Nordkap. Hier geht es um etwas anderes – um ganzheitliches Leben, völlig auf dich gestellt, fern von der Routine der Zivilisation. Ich spürte die Herausforderung und das Kraftpotenzial, das mein Scheitern und die Lehre dieser Berge beinhaltete, und schwor: Ich komme wieder. Ich hielt Wort, brach jedes Jahr zwei- bis dreimal aus der Routine aus und fuhr allein oder zu zweit in die Berge in Norwegen: um Kraft zu tanken, um wieder das zu erleben, was eine der ursprünglichsten und gewaltigsten Formen der Wirklichkeit ist – Friliftsliv. Dieses Draußenleben hat etwas Archaisches an sich, es ist frei von Zivilisationszwängen und gesellschaftlich definierter Moral, es ist Leben mit allen Sinnen und Auskommen mit ganz wenig: Bergsteigerische »Arbeit« bis zur Erschöpfung, zu Essen und zu Trinken haben, von Schönheit umgeben sein, seinen Platz ausloten und begreifen in einem gewaltigen Ganzen. Friluftsliv ist das Erleben einer grandiosen Urlandschaft ebenso wie ein Zurückfinden zu sich selbst – im Einklang mit Himmel und Erde. Und eben das ist es, was Norwegen zu einem wirklichen Traumziel macht.

Die im Rondslottet (2178 m) gipfelnden Rondane in Ostnorwegen sind neben dem Jotunheimen-Gebirge das meistbesuchte Bergwandergebiet Norwegens, 1962 wurden sie als erster Nationalpark Norwegens unter Schutz gestellt.

Die Talschaft Heidal westlich des Gudbrandsdalen gilt als das größte »lebende Museum« Norwegens. Neunzig Gebäude stehen unter Denkmalschutz, 60 Prozent der 1300 Häuser sind älter als 100 Jahre.

Aus dem Tal Atnedalen (linke Seite) führt ein Mautweg zur Herberge Dørålseter am Rand des Nationalparks Rondane. Die von Gletschern überformte Landschaft, die der Weg durchquert, ist sehr beeindruckend. In Dørålseter beginnen mehrere Wanderrouten in den Nationalpark.

Der Grat Besseggen (ganz oben) zwischen den Seen Gjende und Bessvatnet im Nationalpark Jotunheimen ist der berühmteste Wanderklassiker Norwegens.

Die Stabkirche von Hopperstad erhebt sich auf einem Hügel oberhalb der Ortschaft Viksøyri am Sognefjord. Sie wurde um das Jahr 1170 nach dem Vorbild der Stabkirche von Borgund als dreischiffige Säulenstabkirche errichtet und in den 1880er-Jahren vor dem Abriss gerettet.

Wie die Stabkirche von Lom (diese Seite und oben rechts) wurde auch das Innere anderer Stabkirchen nach der Reformation dem Zeitgeschmack angepasst.

Drachenköpfe und andere »heidnische« Symbole – wie an der Stabkirche von Hopperstad (unten rechts) – blieben jedoch außen vielfach erhalten. Oben: Darstellung einer Pfarrersfamilie (links) und Altar in der Stabkirche von Ringebu.

Die um 1130 errichtete älteste erhaltene Stabkirche in Urnes am Lustrafjord mit ihren einzigartigen Schnitzereien steht als Kulturerbe der Menschheit unter dem Schutz der UNESCO. Keine andere Stabkirche steht in einer landschaftlich derart beeindruckenden Lage. Nachreformatorische Umbauten beeinträchtigen jedoch das Bild von einer »ursprünglichen« Stabkirche.

FJORDLAND – DER WESTEN

Das Miteinander von Fjorden, Fels und Fjell, von durch den Golfstrom klimatisch begünstigter Küste und vergletschertem Hochgebirge, von sonnigen Inseln, Stränden, fruchtbaren Tälern und einsamem Hochland bildet im Vestland Landschaften einzigartiger Dynamik und Schönheit. Alle Landschaftsformen finden sich auf engstem Raum bzw. gehen nahtlos ineinander über: Die Felskanzel Prekestolen bricht in Wänden und Überhängen 700 Meter senkrecht zum Lysefjord ab, am Ende des Fjords durchsteigen Kletterer von Meeresniveau aus die 1000 Meter hohe Felswand des Kjerag. Auch die höchste Bergregion Norwegens und ganz Skandinaviens erhebt sich hier im wild zerklüfteten Westen: Vom 2403 Meter hohen Hurrungane-Gipfel Storen sind es nur 15 Kilometer Luftlinie zum Lustrafjord, auch vom höchsten Gipfel des Nordens, dem 2469 Meter hohen Galdhøpiggen im Jotunheimen-Gebirge, schweift der Blick hinaus auf die Fjorde. Tief greifen sie mit ihren weit verzweigten Armen in die Gebirge hinein – jedes Fjordsystem unverwechselbar.

Der Nationalpark Jotunheimen mit seinen faszinierenden Gletscherbergen ist Norwegens beliebtestes Wandergebiet. LINKE SEITE: Im Vestlandet sind die höher gelegenen Gebirgsregionen bis weit in den kalendarischen Sommer hinein schneebedeckt, wie hier im Westen des Jotunheimen-Gebirges.

Felszeichnungen, Grabhügel, Menhire und andere vorgeschichtliche Zeugnisse unterstreichen, dass Menschen seit Jahrtausenden in dieser traumhaften Landschaft lebten und ihren Platz zu finden suchten inmitten der gewaltigen Natur. Zu den herausragenden Kulturschöpfungen aus der Zeit der Christianisierung zählen die auf alten Kultplätzen errichteten Stabkirchen. Die um 1130 errichtete älteste erhaltene Stabkirche in Urnes am Lustrafjord steht als Kulturerbe der Menschheit unter dem Schutz der UNESCO.

Die Transversale dieser spektakulären Landschaft ist die Europastraße 39. Sie beginnt in der Hafenstadt Kristiansand unweit von Lindesnes, dem südlichsten Felskap des norwegischen Festlands, und erreicht in der Offshoremetropole und Domstadt Stavanger am Boknafjord, der im Lysefjord eine der landschaftlichen Hauptsehenswürdigkeiten des Landes aufweist, die zerklüftete Westküste. Mehrfach unterbrochen durch Fährüberfahrten, die Brücken ersetzen, führt sie weiter in die Hafen- und Jazzfestivalstadt Haugesund, in die Vestland-»Hauptstadt« Bergen, nach Ålesund und Molde und in die Krönungsstadt Trondheim. Von der E 39 bieten sich zahlreiche Abstecher auf Inseln ebenso wie in das Gebirge und auf die Hardangervidda an, deren Westflanke vom Hardangerfjord umspült wird.

Die Hauptstadt der Westküste ist die von sieben Bergen überragte und fast allseits von der See umgebene Hafenstadt Bergen; sie ist mit 220 000 Einwohnern die zweitgrößte Stadt Norwegens und neben Oslo das bedeutendste Wirtschafts- und Kulturzentrum des Landes. Als Kulturerbe der Menschheit steht das historische Hafenviertel Bryggen unter dem Schutz der UNESCO, der weite Marktplatz Torget ist einer der farbenprächtigsten und berühmtesten Skandinaviens; die in der Geburtsstadt des Komponisten Edvard Grieg veranstalteten Festspiele melden alljährlich neue Besucherrekorde. Der durch einen Inselgürtel vor der offenen See geschützte Platz am Byfjord erscheint geradezu prädestiniert für die Anlage eines Hafens, doch anders als Oslo, das durch zahlreiche Täler mit einem weiten Hinterland in Austausch stand, endeten für Bergen die wenigen Landwege nicht allzu weit hinter den sieben Bergen an der Hardangervidda und an dem Gletscher Hardangerjøkulen.

Dementsprechend lag das Reich Bergens auf dem Wasser, und bis zur Eröffnung der Eisenbahnlinie von Oslo nach Bergen im Jahr 1909 war London von Bergen aus rascher zu erreichen als die norwegische Hauptstadt.

Im Frühsommer rauschen die Wassermassen der Schneeschmelze donnernd zu Tal.

Diese Ausgerichtetheit zur See hin ist einer der Hauptgründe, warum in Bergen vieles anders ist als in Oslo und in anderen Städten weiter östlich: Die Verbindung norwegischer Lebensart mit Einflüssen aus Großbritannien, Deutschland und anderen Ländern des Nordens haben in Bergen eine Kultur entstehen lassen, die zur Einschätzung »weltoffenste Stadt Norwegens« geführt hat. Tatsächlich prägt diese gepflegte multikulturelle Verbindung vor dem Hintergrund einer grandiosen nordischen Fjord- und Berglandschaft die reizvolle Atmosphäre in dieser schönen Stadt voller Leben.

Wieder schultern wir die Rucksäcke, diesmal nicht im Gebirge, sondern auf einer Insel im Fjordland südlich von Bergen: Bis zu wandartig steil erhebt sich die Felsinsel Tysnesøya zwischen dem Bjørna- und dem Hardangerfjord 753 Meter aus der See. Zum Vergleich: Der als »Wunder des Abendlands« bezeichnete Mont Saint-Michel vor den Küsten von Normandie und Bretagne entragt dem Wattenmeer nur 78 Meter – fast zehnmal so hoch erhebt die Felsinsel Tysnesøya ihr Haupt über den Fluten. Ebenso wie der Mont Saint-Michel war die Tysnesøya in vorchristlicher Zeit eine bedeutende religiöse Stätte: Sie war ein Kultzentrum der vanisch-germanischen Fruchtbarkeits- und Friedensgottheit Njörd-Nerthûs bzw. einer der Orte, an dem der Kult der Erd- und Ozeangöttin Nerthûs zum ersten Mal in Skandinavien Fuß fasste. Der älteste überlieferte Name lautet Njardarlog: »Njörds heiliger Ort«; so wird diese Felsinsel in dem um das Jahr 1220 vom isländischen Gelehrten und Dichter Snorri Sturluson verfassten Sagawerk »Heimskringla« genannt. Der neuzeitliche Name leitet sich vom germanischen Himmels-, Kriegs- und Tinggott Tiwaz = Tyr ab.

Während der Mont Saint-Michel nach der Christianisierung zu einem der bedeutendsten Wallfahrtsziele im Norden Europas avancierte, erinnern auf der Insel Tysnesøya nur noch Ortsnamen an die alte Sa kralfunktion: Vevatnet ist der »geweihte See«, in dem die vom römischen Geschichtsschreiber Tacitus im Zusammenhang mit dem Nerthûs-Kult überlieferten rituellen Waschungen stattgefunden haben könnten; Prestesætra ist »die Priesteralm«, Hovlandsnuten »der Tempellandberg«, Tysnes ist »Tyrs Landzunge«, und die Bezeichnung Gudøya fasst alle Begriffe zusammen: »Gottinsel«.

Sieben Pfade führen aus allen Richtungen auf die aussichtsreiche Tysnessåta, die höchste Erhebung der Insel. Wir hätten gern die Route über die Priesteralm genommen, um eine zweitägige Rundwanderung zu den Denkwürdigkeiten der Insel zu unternehmen und hoch oben auf den Wiesen des senkrecht zum Fjord abstürzenden Tempellands eine Nacht lang das Tunnelzelt abzuspannen. Doch der Bauer hatte die Alm abgezäunt, und wir entschieden uns für die kürzeste Route zum Gipfel.

In üppiger Vegetation führt der Steig im Steilhang eines Schluchttals aufwärts, während unten in einem nochmals schluchtartig eingetieften Felsbett der Bergbach rauscht. Der Weg zum Gipfel der »Gottinsel« ist steil und schmal; anders als auf dem Mont Saint-Michel gibt es keine gepflasterten Straßen, keine Restaurants und Andenkenshops, keine Kirche, keine Kapelle: Nur der Wind, das Brausen des Bergbachs, in den Hängen die Farben der Sommerblumen, die Felsen, und über uns der Himmel, die ziehenden Wolken. Ob es hier vor 2000 oder 4000 Jahren anders war als heute? Nichts als Natur.

Nervenkitzel für besonders Wagemutige: der Klemmblock »Kjeragbolten«.

Am oberen Ende der Schlucht überwindet der Pfad zwei Stellen, die als ausgesetzt empfunden werden können, dann erreichen wir einen Absatz mit Blick nordwärts auf die Inseln im Bjørnafjord. Wir rasten und sehen hin auf das vielgestaltige Land, »som det stiger frem, / furet, værbitt over vannet / med de tusen hjem…«. Dieses Land, ein Paradies.

Fast in der Falllinie führt der Steig weiter aufwärts durch einen felsendurchsetzten Steilhang, auf dem man fast nicht vorwärtskommt, weil sich jedesmal, wenn man sich umwendest, der Horizont weitet: Still steht man und genießt staunend den Blick auf das vielgestaltige Land.

Jetzt sind wir so hoch, dass der Blick ostwärts zum weißen Plateau des Folgefonn-Gletschers fällt, in dessen Bannkreis wir so viele erlebnisreiche Tage verbracht haben. Als weiter oben das Gelände einzuflachen beginnt, sehen wir zusätzlich die Inseln im Süden, dann stehen wir auf dem Gipfel hoch über dem Fjordland. Der Blick schweift auf die Inseln im Westen und hinaus auf die offene See, gleitet über die weiße Wölbung des Folgefonn-Gletschers zur Nachbarinsel Stord und im Norden bis zum Ulriken, dem Hausberg der Hansestadt Bergen am Fuß der sieben Berge. Nichts, was an die rasende Welt und an den Fortschritt erinnert. Natürliche Stille, Brausen des Sturms, Ziehen der Wolken, und die Inseln und Berge und Wasser um uns herum wie die Ewigkeit.

Das Gipfelbuch finden wir eher zufällig in einer Blechbox im Inneren des Gipfelsteinmals. Während wir uns in das Buch eintragen, steigen von der anderen Seite der Insel zwei norwegische Pärchen herauf. Wir grüßen. Als einer der Männer per

Handy ein Taxi ruft, erkundige ich mich nach ihrer Route: Sie überqueren im Rahmen einer Tageswanderung die Insel, wollen nicht auf derselben Route absteigen und bestellen nun ein Taxi zum Zielpunkt ihrer Wanderung, um zum Ausgangspunkt zurückgefahren zu werden. In Norwegen, sagen sie, sei es üblich, auf diese Weise Streckenwanderungen zu unternehmen.

Während sie absteigen, sitzen wir noch oben neben dem Gipfelmal und sehen hin auf das Meer und dieses wunderbare Land. Boote und Fähren kreuzen in den Fjorden; sie sind so fern, dass die Geräusche nicht heraufdringen. Ja, wieder ist es eiskalt, schneidender Wind umtost die Felsen; meine Gefährtin ist durchgeschwitzt vom Aufstieg und friert, aber auch sie will nicht absteigen.

Da wir die kürzeste Route zum Gipfel angingen, räumte sie den Rucksack so leer wie möglich, um Gewicht zu sparen. Ich gebe ihr zwei wärmende Kaschmirpullover, die ich zur Sicherheit und als »Sitzkissen« immer im Rucksack trage.

Die »Sieben Schwestern« sind der berühmteste Wasserfall am Geirangerfjord (DIESE und RECHTE SEITE).

Nun ist es gut. Um uns Wind und Kälte, Himmel und Meer, die Berge unter tief hängenden Wolken; und wir, zwei kleine Punkte, hoch oben dicht unter dem Himmel.

Warum lernen wir eigentlich in den Schulen, dass nur eine einzige Region der Erde Heiliges Land genannt werde? Ist nicht überall heiliges Land, wo die Erde noch nicht untertan gemacht, geschändet oder zerstört wurde; überall dort, wo das Land noch ursprünglich ist und die Rückverbindung spürbar wird zu jenem Urgrund, aus dem wir kommen, zu dem wir gehen?

Mag dieser Berg aus bergsteigerischer Sicht noch so klein sein mit seinen 753 Metern – darauf kommt es doch gar nicht an. Die Rückverbindung zu spüren, die Weisheit der Erde zu ahnen, einverstanden sein, die heilende Kraft, die Zartheit, Stärke und Göttlichkeit dieses Landes zu spüren; das ist es: heiliges Land.

Wasserfälle zählen zu den Hauptattraktionen Norwegens. Oben der Dønfoss in der Otta, unten links der Vøringsfossen auf der Hardangervidda, unten rechts der Mardalsfossen im Eikesdalen. rechte Seite: Von einer 900 Meter hohen Felskante Eikesdal stürzt der Mardalsfossen 297 Meter senkrecht hinunter. Europas höchster Wasserfall ist aber nur noch im Juli »in Betrieb«, den Rest des Jahres wird das Wasser umgeleitet zur Stromgewinnung.

In keiner anderen Stadt Norwegens sind die Kontraste zwischen Tradition und Moderne derart augenfällig wie in der Hafen-, Industrie- und Domstadt Stavanger.

CLIPPER

Die von sieben Bergen überragte und fast allseits von der See umgebene Hafenstadt Bergen ist mit 220 000 Einwohnern die zweitgrößte Stadt Norwegens und das bedeutendste Wirtschafts- und Kulturzentrum des Landes neben Oslo. Als Kulturerbe der Menschheit steht das historische Hafenviertel Bryggen seit 1979 unter dem Schutz der UNESCO.

Wer sich einen Überblick über Bergen verschaffen will, der fährt mit dem Cable-car auf den 642 Meter hohen Iriken oder schwebt in der Gondel auf den 320 Meter hohen Fløyen. Der Marktplatz Torget ist einer farbenprächtigsten und berühmtesten von ganz Skandinavien.

Taxi
TVEDT

Die norwegische Küche steht zu Unrecht im Ruf, langweilig und fantasielos zu sein. Die traditionelle Küche ist einfach und basiert auf den Erzeugnissen des Landes: frische Kräuter und Gemüse, fangfrischer (»lebendiger«) Fisch, Fleisch (Hammel, Elch, Ren), Milchprodukte mit kräftigem Aroma. Die Suppen waren ursprünglich als Hauptgerichte gedacht und waren bzw. sind noch immer entsprechend gehaltvoll; zu den bekanntesten zählt die Bergenser Fischsuppe.

Am 23. Juni wird in ganz Norwegen mit dem Sankt-Hans-Fest die Sommersonnenwende gefeiert – hier im Dörfchen Vatne, Provinz Rogaland.

Der Prekestolen in Rogaland ist eine Felskanzel, die an drei Seiten senkrecht und in Überhängen 600 Meter zum Lysefjord abstürzt und in ihrer einzigartigen Dramatik eines der Hauptsymbole für die Großartigkeit der westnorwegischen Fjordküste bildet.

Die Fjorde sind Zeugen der Vergletscherungen im Pleistozän vor eineinhalb Millionen bis vor 10 000 Jahren. Ursprünglich waren sie Trogtäler; durch die Gletschererosion erfuhren sie eine Übertiefung von häufig mehr als 1000 Höhenmetern, so der hier abgebildete Sognefjord, der heute eine Tiefe von 1308 Metern unter NN erreicht. Als nach dem Abschmelzen des Eises der Meeresspiegel anstieg, »ertranken« die vom Eis ausgetieften Täler. Da das Gletschereis an der Ausmündung der Täler Moränen hinterlassen hat, schimmern die Fjordeingänge häufig grün.

Der warme Golfstrom sorgt im Küstenbereich wie hier am Lusterfjord, dem inneren Arm des Sognefjords, für ein üppiges Pflanzenleben. Die Hafen- und Fischereistadt Kristiansund in Møre og Romsdal zählt 108 Tage Sommer und 0 Tage Winter, Skudenes bei Stavanger in Rogaland kommt gar auf 130 Sommer- und 0 Wintertage. Diese Bilanz kehrt sich um, je weiter man sich von der Küste entfernt: 94 Sommer- und 142 Wintertage werden in Røldal am Südwestrand der Hardangervidda gezählt. Linke Seite: Blütenpracht am 27 Kilometer langen See Suldalsvatnet im Ryfylke im südnorwegischen Rogaland.

Wie am Aurlandsfjord besorgen Autofähren vielerorts den »Straßenverkehr« in Norwegen. In den vergangenen Jahren sind viele dieser oftmals Zeit raubenden Fährüberfahrten durch Brücken- und Tunnelverbindungen ersetzt worden. Durch einen Tunnel wird auch Lærdal bald mit Aurlandsvangen und Flåm direkt verbunden sein. Der Tunnel wird die Sognefjord-Fährstrecke der Europastraße 16 überflüssig machen, und Bergen wird dann ohne Fährunterbrechung mit dem Auto erreichbar sein.

Nach der Brandkatastrophe von 1904 wurde Ålesund im Jugendstil wieder aufgebaut; ein landesweites Verbot des Holzhausbaus in Stadtzentren folgte. RECHTE SEITE: Der Hafen von Bud in Fræna bei Kristiansund.

NORDLAND & LOFOTEN

Wahrzeichen von Trondheim ist der über dem Grab Olavs des Heiligen in romanischer und gotischer Zeit errichtete Nidarosdom. Er ist der repräsentativste und größte mittelalterliche Steinbau Skandinaviens und die Krönungskirche der norwegischen Könige. LINKS: Vom Sjonafjord im Nordland fällt der Blick hinaus auf die Papageientaucherinsel Lovunden.

Würde mir jemand vierzehn Tage in Norwegen schenken und dazu sagen: Geh dorthin, wo du es am schönsten fandst – ich würde ins Nordland fahren. Die Nordlandküste mit ihren bizarren Felsformationen, die Inselgruppe Lofoten mit ihren bis zu 1000 Metern aus dem Wasser ragenden Bergspitzen, die krachenden Eismassen des Svartisen-Gletschers am Polarkreis, der Schären- und Inselgürtel der Küste von Troms – all dies ist in seiner Schönheit und Dramatik vergleichbar mit der Fjordküste des Vestlands. Doch nur in Nordnorwegen ist das Land so einsam und vergleichsweise wenig berührt vom Tourismus, nur im Norden wird das Land beschienen von einer Sonne, die es nirgends sonst in Norwegen gibt: der Mitternachtssonne.

Wer auf einem der Hurtigruten-Schiffe reist, sieht die Nordlandküste, wie der Polarforscher und nachmalige Friedensno-

belpreisträger Fridtjof Nansen sie im Jahr 1893 erlebte und in seinem Expeditionsbericht »In Nacht und Eis« beschrieb: »Darauf ging es nordwärts, an dem herrlichen Nordland entlang … Wir fuhren vorüber am Torghatten, den Sieben Schwestern, Hestmona, Lovund und Træna, weit draußen im Meere, an den Lofoten und wie alle diese schönen Punkte heißen. Eine kühne Riesenform wilder und schöner als die andere. Es ist eine Märchenwelt für sich – ein Traumland.«

Dieses Traumland erstreckt sich von der roten Felsinsel Leka im Süden bis zu den Inseln und Schären vor dem Gletscher Svartisen und geht dann in die Landschaft am Saltfjord über, an dessen Ausgang die Hafenstadt Bodø liegt und der gewaltige »Saltstraumen« eine der mächtigsten Gezeitenströmungen Europas erzeugt. Zu den markantesten Punkten dieser an dramatischen Naturschönheiten so reichen Küste zählen der von einer Höhle durchbrochene, hutförmige Berg Torghatten bei der Hafenstadt Brønnøysund und die Gipfelgruppe der Sieben Schwestern bei Sandnessjøen.

Die Inselkette Lofoten bildet den Höhepunkt der an Naturwundern überreichen Nordlandküste und ist in ihrer surrealen Schönheit eine der Hauptsehenswürdigkeit des Landes. Der durch Fjorde und Buchten reich gegliederte Archipel ist ein versunkenes, nach der Eiszeit mit den Spitzen aus der See wieder aufgetauchtes Gebirge, dessen alpine Gipfel und Felswände bis zu über 1000 Meter dem Wasser ragen. Aus der Ferne wirkt dieses Gebirge im Nordmeer wie eine bizarr gezackte

Kirche von Leknes auf der Insel Leka. Linke Seite: Das winzige Dörfchen Unstad liegt an der Westküste der Lofoten in einem Tal, das die Gletscher der letzten Eiszeit geformt haben.

Felswand; der Abwechslungsreichtum der »Lofotenwand« wird erst vor Ort sichtbar: Schneeweiße Strände am Fuß himmelhoch ragender Felspyramiden, grüne Täler, vom Eis ausgeschliffene Taltröge und Schuttkare, wie Amphitheater umstanden von schneeüberzuckerten Bergen, durch Schluchten tosende Wasserfälle und auf einsamen Hochebenen dicht unter dem Himmel unergründliche Seen mit glasklarem Wasser; zwischen den Inseln Gezeitenströme, die alles zermalmen, was sich ihnen in den Weg stellt, so der Moskenstraumen, der durch Edgar Allan Poe (»Der Sturz in den Malstrom«) und Jules Verne unter dem Namen »Malstrom« weltberühmt wurde.

Hunderttausende von Vögeln haben auf der »Vogelinsel« Røst und weiteren Inseln Rückzugsgebiete gefunden, und in all diese Naturgewalt und -schönheit schmiegen sich kleine Fischersiedlungen mit Holzhäusern in Rot. Die Lofoten sind ein Traumland aus Farben und Urformen; nirgendwo anders verbinden sich alpines Gebirge und See zu einer derart fantastischen Einheit, die in ihrer Schönheit und Gefährlichkeit Himmel und Hölle zugleich sein kann.

Diese traumhafte Landschaft setzt sich auf dem Festland fort: Dort muss man sich in Narvik entscheiden, ob man weiter nordwärts nach Troms und Finnmark und zum Nordkap fährt oder auf der E 6 langsam nach Süden zurückkehrt und sich zu Abstechern in das wunderbare Land abseits der Straße verlocken lässt. Aber langsam! Denn wer hier schnell fahren müsste, würde die Wunderwelt abseits der Europastraße nicht wahrnehmen; eine Welt, die in ihren kühnen Formen und ihrer surrealen Schönheit den Lofoten an nichts nachsteht.

Geradezu ein Symbol für die Unnahbarkeit dieses Gebiets ist der Stetind, ein Gipfel, der fast wandartig schroff 1392 Meter zwischen Tysfjord, Efjord und Stefjord dem Meer entragt – Traumziel für Kletterer. Während die kleinteiligen Lofoten ein touristisch rege besuchtes Gebiet sind, bildet die weitgehend straßenfreie Berg- und Gletscherlandschaft im norwegisch-schwedischen Grenzgebiet südlich von Narvik eines der größten Wildnisgebiete Europas. Mehrere Nationalparke schützen das Gebiet vor der Zerstörung, auf der schwedischen Seite verläuft die berühmteste Trekkingroute des Nordens: Kungsleden – der Königspfad. Bei Narvik erreicht Norwegen seine schmalste Stelle und ist nur 6,3 Kilometer breit. Bei guter Witterung kann es hier nur eine Entscheidung geben: Die wenigen Kilometer hinüber nach Schweden fahren zum Hochgebirgshotel Abisko an der Lapplandbahn mit prachtvollem Blick auf den See TorneTräsk in einem Tal, das die Berge mehr als 800 Meter überragen. Von hier führt der »Kungsleden« durch den Canyon des Flusses Abiskojokk im Abisko-Nationalpark und weiter durch das großartige Tal des Tjäktajåkka, in dem immer wieder Rentierherden zu beobachten sind. Übernachtungsmöglichkeit bieten zwischendurch Wanderhütten, dann beginnt – weiterhin in unmittelbarer Nachbarschaft der norwegischen Grenze, über die mehrere Pfade herüberwechseln – der Aufstieg zum Kebnekajse, dem mit 2111 Metern höchsten Gipfel Schwedens.

Das Fischerdorfmuseum an der Südspitze der Lofoten erzählt vom Leben und Arbeiten der Lofotfischer. Rechte Seite: Im Sommer beleben auch Künstler das Fischerdorfmuseum auf den Lofoten.

Ein Stück weiter südlich wagen wir uns erneut in diese Zauberwelt: Der norwegische Rago-Nationalpark und der schwedische Padjelanta-Nationalpark gehen unmittelbar ineinander über. Wir wandern auf dem einzigen Pfad durch die Bergwelt von Rago knapp 60 Kilometer nördlich des Polarkreises. Das Tourenbuch des Norwegischen Bergwandervereins DNT bezeichnet Rago als so wild, dass das Vorwärtskommen vielerorts kaum möglich sei. Doch der einzige Pfad ist gut gangbar: Wir folgen den Markierungen längs des Flusses neben einer Granitwand mit Dolomitadern; riesige Marmorblöcke, die aus der Wand herausgebrochen sind, bedecken den Uferbereich. Hinter einer Hängebrücke wird das Gelände wilder, wir pirschen ein Hängetal aufwärts, treten in Fjellbirkenwald und überschreiten die Grenze des Nationalparks.

Der Birkenwald lichtet sich, unten öffnet sich eine gewaltige Senke mit Urwäldern, Seen und üppiger Vegetation, mit Schluchten und Wasserfällen; darüber runden sich nackte Fjellkuppen mit Schneeflecken und Eiskappen unter der Sonne. Breit, als riesiger Fluss, tost inmitten dieser Szenerie der Wasserfall Helligfossen über 100 Höhenmeter zu Tal.

Diese Landschaft lässt sich in ihrer Wildheit mit keiner anderen Gegend Norwegens vergleichen, nicht mit Dovrefjell, Trollheimen oder Gressåmoen, nicht mit

Do·It
FORAN
Norge

Storm- oder Junkerdalen, sie ist genauso einzigartig wie diese und völlig verschieden: keine parkähnliche Paradieswildnis wie im Børgefjell, keine Steinwüste wie in den Rondane, kein Gletscher- und Gipfelmeer wie im Jotunheimen, sondern permanenter Wechsel, Auf und Ab neben Abgründen und Schluchten, tief unten der Fluss, unter Felsdächern hindurch, in fruchtbare Täler hinab, auf nackten, gletscherpolierten Felsrücken wieder hinauf, durch Blaubeerfelder – es ist Herbst, die Sträucher sind voller Früchte –, auf heißen Granitplatten rastend in der Sonne, durch Moore mit spiegelglatt liegenden Augen und Seen, beim Abstieg Halt suchend in Felsritzen oder an Wurzeln, die warme Rinde der Kiefern spürend, im Ohr das Donnern der Wasserfälle, das Rauschen des Urwalds. Vier Stunden sind wir unterwegs in der Sonne, dann erreichen wir die Hütte, in der wir übernachten werden. Niemand ist da, wir sind die einzigen Gäste in der kleinen Hütte, die die Nationalparkverwaltung als Selbstversorgerhütte für Wanderer eingerichtet hat.

Wir sind hier verantwortlich für uns selbst. Während in Deutschland mächtige Lobbies und Bürokratien Straßen, Forst

Stamsund auf der Insel Vestvågøya ist einer der wichtigsten Fischerorte des Lofoten-Archipels.

und Almwege in die Berge sprengen lassen und durch Anbringen von Eisenklammern, Gittern und Treppen oder durch Absprengen von Felsen und Einhauen von Stufen dafür Sorge tragen, dass auch wirklich jeder ohne Annäherung und Achtung vor der Natur auf Berge gelangt und seinen Müll mitnehmen kann, ist es in Norwegen genau umgekehrt: Wer diese Pfade und Steige begeht, sieht sich selbstverantwortlich allen Gefahren ausgesetzt, die eine ungebändigte Natur für den Menschen darstellen kann.

Die meisten der etwa 4,6 Millionen Norweger lernen das Sichbewegen im Fjell von Kindesbeinen an und können mit diesen Gefahren umgehen. Zu den Grundanforderungen zählen nicht nur Ausrüstung, Trittsicherheit, Kondition und Orientierungssinn, sondern Naturwissen, Selbstständigkeit, Eigenverantwortung, Umsicht und intuitive Reaktionsfähigkeit sind ebenso wichtig. All dies vorausgesetzt, ist das Wandern in den Fjelllandschaften Norwegens wie ein Traum und ein Abenteuer zugleich.

Børgefjell-Nationalpark, ebenfalls im Nordland. Ruhe ist angesagt heute, Ruhe. Pfadlos steigen wir im prasselnden Regen flussaufwärts durch die talähnliche Scharte Simskardet, Wolken verhüllen die Gipfel. Hose und Jacke aus dickem, lodenähnlichem Wollzeug halten warm und schützen vor der Nässe. Das Feuer für das Mittagessen entfacht die Gefährtin in einer Felsspalte. Sie ist die Feuerfrau, die Hüterin der Flamme. In der Innentasche der Jacke trägt sie als Zunder trockene Zweiglein, Birkenrinde, Papiere: Trotz Regen flackern die Flammen sofort auf.

Während wir speisen bricht über dem Rørskarstinden die Sonne durch, im Osten steht eine schwarze Wolkenwand, während im Norden graue Nebel über das Fjell dampfen. Regenbogen auf Regenbogen spannt sich über dem Tal, während wir im leuchtenden Grün, Gelb und Rot von Buschwerk und Sträuchern stehen.

Ja, der Herbst, der einsame, farbenfrohe Herbst, ist unsere liebste Zeit. Schneeweiß erstrahlen Wasserfälle in der grellen Sonne vor der pechschwarzen Wolkenwand ohne Pfad; ohne Blick auf irgendetwas, das an die Menschen erinnert, streifen wir durch das Bergland, ohne Ziel und ohne fremde Bestimmung, eingehüllt in das gleißende Licht der Sonne, das die wollgrasgesäumten Moorseen, die tropfennassen Büsche und kahlen Bergflanken aufleuchten lässt, umtost vom Brausen des Flusses.

Am späten Nachmittag kehren wir zur offenen Hütte zurück, die die Nationalparkverwaltung wie in Rago auch hier für Wan-

Die 276 m lange Sundklakkstraumenbrua verbindet als Reichsstraßenbrücke die Lofoten-Inseln Gimsøya und Vestvågøya.

derer eingerichtet hat, vespern heiße Heidelbeeren, die wir gesammelt haben, und Rømme, norwegischen Sauerrahm. Danach hacke ich Holz für den gusseisernen Ofen und hole Wasser aus dem Fluss. Im Schein einer Petroleumlampe bereitet die Gefährtin das Abendbrot. Wir leben hier wie ein Paar in der Urzeit, der Welt da draußen und ihren Gesetzen entrückt. Im Schein des Herdfeuers fegen wir den Fußboden und legen die Matratzen nebeneinander, dicht beisammen, glücklich, entschlummern in der Stille der Bergnacht.

Abschiedsmorgen. Wolkenfetzen treiben vor den Fenstern, während wir heiße Molte- und Blaubeeren auf die frisch gebackenen Frühstückspfannkuchen häufen. Das Land ist in unwirkliches Grau gehüllt, es beginnt zu regnen. Wenn Berge aus dem Nebel tauchen, zeigen sich überzuckerte Grate und Flanken: Der erste Schnee ist gefallen heute Nacht. Wir räumen auf, fegen, hacken Brennholz für die nächsten, umarmen uns und wandern im strömenden Regen zurück.

Letzter Abend. Ein Campingplatz an der Küste der Halbinsel Frosta bei Trondheim. Wir sind fast die einzigen Gäste. Ich sitze auf den Felsen, leise schlagen die Wellen ans Ufer, über dem Fjord und den Bergen versinkt die Sonne. Das Leben könnte ewig so weitergehen… Norwegen, ein Traum … Wir kommen wieder!

Bizarre Bergformationen wie am Efjord (oben), Wildwasser wie bei Bodø (rechte Seite oben), von schneegeflecktem Fjell überragte Städte wie Mo i Rana und einsame Straßen prägen die Küsten des Nordlands.

Das Fischerdorf Reine und seine Umgebung auf der Lofoten-Inselgruppe hat viele Maler inspiriert, viele Bergsteiger herausgefordert und mit seiner Schönheit und Ruhe nicht nur Prominenten im Urlaub Kraft gegeben.

Schafe, Holzhäuser und Schiffe – die Lebenswelt auf den Lofoten.
Mitte Januar bis April ist Hauptsaison für die Lofotfischerei im Vestfjord. Im Jahr 1120 ließ König Øystein I. Magnusson die ersten »Rorbuer« errichten. Diese »Rudererbuden« mussten wegen der eisigen Stürme während der Wintermonate beheizbar sein und dienten als Unterkünfte für die Fischer. Heute entspricht ihre Ausstattung modernen touristischen Standards.

ANKER

Dem Seedorsch oder Kabeljau, wie der Dorsch genannt wird, wenn er geschlechtsreif ist, gilt seit mehr als einem Jahrtausend das Hauptaugenmerk der Lofotfischer. Er wird großenteils zu Stockfisch (tørrfisk = Trockenfisch) verarbeitet.

Mittsommerliche Wollgrasblüte, flechtenüberzogene Felsen, tosende Wasserfälle – Naturimpressionen aus Troms.

Nordnordwegen zählt zu den ältesten Siedlungsgebieten Nordeuropas. Auf dem Komsafjell, einem Bergsporn im nordnorwegischen Altafjord (linke Seite) an der Mündung eines der heute besten Lachsflüsse der Erde, ritzten Fischer und Jäger der altsteinzeitlichen Komsakultur ab 7000 v. Chr. Zeichnungen in den Fels und errichteten die älteste bekannte Siedlung in Norwegen. Die Landschaft erreicht hier alpine Dimensionen wie in den »Lyngsalpen« (oben).

In Finnmark, der nördlichsten und größten norwegischen Provinz (Fylke), leben etwa 13 000 Menschen samischer Herkunft.

»Vidda« bedeutet »weite Hochfläche«: Wälder, Seen und endlose Moore prägen die Finnmarksvidda.

Reisetipps von A bis Z

Reise-Informationen von A – Z
Adressen und Informationsmaterial verschickt das Norwegische Fremdenverkehrsamt,
Postfach 76 08 20, D-22058 Hamburg,
Tel 040-22710810, Fax 040-22710815 .
Das Norwegische Fremdenverkehrsamt unterhält die sehr informative Website www.visitnorway.com/foreign_offices/tyskland/
Deutsche Botschaft, Oscarsgate 45,
N-0258 Oslo, Tel 23275400,
Fax 22447672.
Österreichische Botschaft, Thomas Heftyes Gate 19-21, N-0244 Oslo,
Tel 22552348, Fax 22554361.
Schweizer Botschaft, Bygdøy Allé,
N-0268 Oslo 2, Tel 22430590,
Fax 22446350.

Alkohol
Alkohol ist in Norwegen überdurchschnittlich teuer und zählt zu den beliebtesten Schmuggelgütern. Das gilt auch für Øl (Bier), für 0,33 l sind im Supermarkt umgerechnet ca 2,50 Euro zu bezahlen. Aus ideologischen Gründen (es gibt eine starke Abstinenz- und Prohibitionsbewegung). Bier ist nicht einmal in allen Supermärkten erhältlich. Weine und hochprozentige Erzeugnisse sind nur in den Geschäften des staatlichen Vinmonopolet (»Weinmonopol«) erhältlich.

Angeln
Das Angeln in der See ist gebührenfrei, ansonsten werden die staatliche und die lokale Angellizenz benötigt. Die staatliche Angellizenz ist gegen eine geringe Jahresgebühr im Postamt erhältlich. Die lokale Angellizenz (fiskekort) gibt es auf Campingplätzen, in Geschäften, Hotels u. a.; sie ist nur für ein bestimmtes Gebiet gültig; wer sich in ein anderes Gebiet bewegt, benötigt auch dort die lokale Angellizenz. Die lokalen Angellizenzen haben unterschiedliche Preise und Gültigkeitsdauer.

Anreise
Autofähre: Für die Anfahrt nach Norwegen mit der Kombination Auto/Fähre bieten sich zahlreiche Fährrouten an. Die komfortabelste Anfahrt erfolgt in 19:30 Stunden mit einer der Color-Line-Fähren

von Kiel nach Oslo. Die mit 2:30 Stunden kürzeste Überfahrt von Dänemark nach Norwegen ist die mit der Schnellfähre »Silvia Ana« der Color Line von Hirtshals nach Kristiansand; die »Silvia Ana« ist ein Katamaran, der bei starkem Wind nicht fahren darf. 4:30 Stunden benötigen die »normalen« Color-Linie-Fähren von Hirtshals nach Kristiansand; die Überfahrt mit ihnen ist preisgünstiger als die mit der »Silvia Ana«. Kristiansand ist ein guter Startpunkt für Touren in Südnorwegen generell bzw. für die Weiterfahrt an die Westküste oder durch das Setesdal zur Hardangervidda. Generell ist auch in der Nebensaison die Buchung der Fähre im Voraus zu empfehlen. Color Line ist die wichtigste Reederei, sie bedient die Linien Kiel – Oslo, Hirtshals – Kristiansand, Hirtshals – Oslo, Hirtshals – Larvik und Frederikshavn – Larvik. Auskunft: Color Line, Postfach 2646, D-24025 Kiel,
Tel 0431-974090, Fax 0431-9740920,
Buchungstelefon in Norwegen: 81000811.
Internet www.color-line.de
Die Autoanreise nach Norwegen unter Benutzung der Vogelfluglinie von Puttgarden auf der deutschen Ostseeinsel Fehmarn nach Rødbyhavn auf der dänischen Insel Lolland hat sich seit Eröffnung des Storebeltbro (1998), der Brücke zwischen den dänischen Inseln Sjælland und Fyn, um knapp zwei Stunden verkürzt, bleibt jedoch weiterhin eine nervenstrapazierende und langwierige Angelegenheit. Von Sassnitz auf Rügen und von Rostock aus fahren Fähren nur nach Südschweden, sodass der Weg nach Norwegen mit einer langen Autofahrt verbunden ist.
Bahn: Die Zugfahrt von Frankfurt am Main via Hamburg und Kopenhagen nach Oslo dauert 18 Stunden bei einer Ankunftszeit um 7 Uhr morgens, sodass die Nacht im Schlafwagen verbracht werden kann (Abfahrt in Hamburg 17:29 Uhr); ca. fünf Stunden länger dauert die Bahnfahrt von Frankfurt am Main via Berlin, Malmö und Göteborg nach Oslo, das jeweils am späten Nachmittag erreicht wird. Auskunft: Deutsche Bahn AG, Internet http://www.bahn.de/fahrplan.htm
Flugzeug: Deutsche Lufthansa bzw. Scandinavian Airlines (SAS) fliegen in 2:15 Stunden von Berlin nach Oslo bei einmaligen Umsteigen; der Flug von Hamburg nach Oslo dauert 1:25 Stunden. Auskunft: Deutsche Lufthansa, Internet http://www.lufthansa.com/, und Scandinavian Airlines (SAS), Internet http://www.scandinavian.net/

Apotheken
Es gibt kein Medikament, das in einer norwegischen Apotheke (apotek) ohne ärztliches Rezept erhältlich ist; dies gilt selbst für Aspirin. Wer auf Medikamente angewiesen ist, sollte sich diese aus seinem Heimatland mitnehmen.

Ärztliche Versorgung
Die flächendeckende ärztliche Versorgung hat in Norwegen ein hohes Niveau, was unter anderem daran liegt, dass die Patienten einen Teil der Behandlung (beim Zahnarzt: die gesamte Behandlung) selbst zahlen müssen. An den Straßen ausgeschildert ist jeweils die lokale »Legevakt« als Anlaufstelle, Krankenhäuser sind als »sykehus« ausgeschildert; die Apotheke heißt »apotek«.

Ausrüstung
Die Ausrüstung für Reisen in Norwegen unterscheidet sich prinzipiell nicht von der Ausrüstung für Reisen in Deutschland, Österreich und der Schweiz. Der einzige, aber gravierende Unterschied betrifft das Wandern, da es in Norwegen so gut wie keine Holzabfuhrwege und ähnliche turnschuhfähigen Wanderrouten wie in den deutschen Mittelgebirgen und den Alpen gibt. Bei Wanderungen in Südnorwegen sind generell feste Trekking- oder Bergstiefel mit griffigen Sohlen und die Knöchel umschließenden Schäften zu empfehlen, sie sind Voraussetzung für ermüdungsfreies Gehen, für Rutschfestigkeit auf trockenem Fels, für relative Sicherheit in sumpfigem Gelände und verhindern ein Umknicken des Fußes. Nässeschutz in Gras- und Buschgelände bieten Gamaschen, die bis unter die Knie reichen; sie umschließen fast völlig den Stiefel und weisen unter der Sohle einen Steg auf; der Reißverschluss der Gamasche muss eine Abdeckleiste aufweisen, da sonst das Wasser durch den Reißverschluss dringt. Um die Verletzungsgefahr beim Durchwaten von Bächen zu verringern, empfiehlt sich

bei Mehrtagestouren zusätzlich die Mitnahme von Trekkingsandalen. Alternativ zu Berg- oder Trekkingstiefeln werden in Norwegen Naturkautschukstiefel (»Gummistøvler«) mit Profilsohlen und Stahlverstärkung benutzt (z.B. bei Wanderungen in weitflächig vermoortem Gelände). Gummistøvler haben den Vorteil, dass sich in ihnen bequem ein Bach/Fluss durchwaten lässt, während Bergstiefel beim Durchwaten eines Bachs ausgezogen und um den Hals gehängt werden müssen. – Bei nasser Witterung kann es von Vorteil sein, im Wagen ein zweites, trockenes Paar Bergstiefel zu haben.

Auto und Straßen
Das Fahren mit Abblendlicht ist auch tagsüber Vorschrift. Die zulässige Höchstgeschwindigkeit beträgt außerhalb geschlossener Ortschaften 80 km/h, innerhalb geschlossener Ortschaften 50km/h. Die Strafgrenze für Alkohol liegt bei 0,5 Promille; bei Zuwiderhandlung drohen drastische Strafen (inklusive Gefängnis, auch für Ausländer). Mitglieder eines Automobilclubs, der der Alliance Internationale du Tourisme (AIT) angehört, erhält in Norwegen Unterstützung von Norges Automobilforbund (NAF), N-0105 Oslo, Tel 22 34 14 00, Notrufzentrale
Tel 22 34 16 00, Fax 22 42 88 30. Auskunft über Straßensperrungen erteilt rund um die Uhr die Straßenwacht unter
Tel 22 65 40 40.
Das öffentliche norwegische Straßennetz hat guten Standard und kann mit dem deutschen verglichen werden.Mautstellen (bomstasjon bzw. toll plaza) sind relativ häufig, da aufwändige Straßen-, Brücken- und Tunnelprojekte zunehmend privat finanziert werden; wie auf französischen Autobahnen kann man an größeren Mautstellen bequem mit Kreditkarte zahlen. Die geringe Breite mancher Gebirgsstraßen lässt Zweispurigkeit nicht zu; Schilder mit dem Buchstaben M (Møteplass = »Treffpunkt«) bezeichnen breite Stellen, an denen man warten und entgegenkommende Fahrzeuge passieren lassen kann. Tankstellen (Diesel ist am preiswertesten) gibt es flächendeckend, allerdings sind nicht alle Tankstellen auf die Zahlung mit den in Deutschland üblichen Scheck- und/oder Kreditkarten eingestellt. Auch zu vielen Ausgangspunkten von Bergwanderungen erfolgt die Anfahrt auf Mautwegen; dabei handelt es sich meist um Almwege, die sich in schlechtem Zustand befinden, holperig und vor allem nach der Schneeschmelze voller Schlaglöcher sind. Die Maut (bom) beläuft sich auf ca. 30–50 Kronen und muss an der Bomstasjon eigenständig entrichtet werden (es wird kontrolliert). Wer öfter Mautwege benutzt, sollte einen Vorrat an 10-Kronen-Münzen im Auto haben. Mautwege in höheren Lagen können auch nach dem kalendarischen Sommerbeginn von Schnee bedeckt sein (und sind möglicherweise noch gar nicht geräumt). Ab September ist auf Gebirgsstraßen mit Schneefall zu rechnen. In Norwegen wird bei Schnee bzw. bei der Möglichkeit von Schneefall mit Spikes gefahren.
Die meisten Straßenkarten verzeichnen, welche Passstraßen ganzjährig geräumt werden.

Einreise
Bei der Einreise ist der Personalausweis oder Reisepass vorzulegen, Kinder unter 16 Jahren benötigen einen Kinderausweis (ab zehn Jahren: mit Foto). Kraftfahrer benötigen zusätzlich den Führer- und den Kfz-Schein.

Feiertage
Feiertage sind die norwegisch-lutherischen: Gründonnerstag (skjærtorsdag), Karfreitag (langfredag), Ostermontag (annen påskedag), Christi Himmelfahrt (Kristi Himmelfartsdag), Pfingstmontag (annen pinsedag) und erster und zweiter Weihnachtsfeiertag (første und annen juledag). Hinzu kommen Neujahr (nyttår), der 1. Mai (første mai) und der Nationalfeiertag (nasjonaldag) am 17. Mai (søttende mai).

Haustiere
Die Mitnahme von Hunden, Katzen, Pferden, Vögeln usw. ist nach Vorlage zahlreicher Bescheinigungen und Gesundheitspässe möglich. Ziel dieser rigiden Maßnahmen, die faktisch die Mitnahme von Haustieren unmöglich machen, ist es, dem Import von Krankheiten vorzubeugen, die es zwar im deutschsprachigen Raum und der EU, nicht aber in Norwegen gibt.

Karten
Die vom Verlag Cappelen (Oslo) herausgegebenen Straßen-, Sehenswürdigkeiten-, Wanderrouten- und Unterkunftskarten decken in fünf Blättern ganz Norwegen ab, sind im Buchhandel und an jeder Tankstelle erhältlich und bilden aus der Wanderperspektive das beste Werkzeug für die grobe Routenplanung einschließlich Unterkunftsfindung. Neben Straßen, Sehenswürdigkeiten, Badestränden u. a. verzeichnen sie die Wanderrouten (mit Stundenangaben) sowie Unterkünfte einschließlich Ausstattungsstandard: Hotels, Sporthotels, Motels, Jugendherbergen, Hütten- und Campingplätze, sogar die Berg-Hytter abseits der Straßen sind einschließlich ihrer Ausstattung (verproviantiert, nicht verproviantiert, bewirtschaftet) angegeben. Die Cappelen-Karten werden im deutschsprachigen Raum vom Verlag Kümmerly+Frey vertrieben.
Die besten Wanderkarten für Norwegen sind die »Turkart«. Sie werden vom staatlichen Landesvermessungsamt Statens Kartverk in verschiedenen Maßstäben auf Grundlage der staatlichen topografischen Karten herausgegeben und sind im Buchhandel erhältlich. Eine Liste der erschienenen Turkart findet sich auf der Website von Statens Kartverk. Oftmals veraltet sind die leider für einige Gebiete konkurrenzlosen staatlichen topografischen Karten (topografisk kart) im Maßstab 1:50.000. Internet www.statkart.no/

Telekommunikation
Von Norwegen nach Deutschland telefonieren oder faxen: 0049 plus Orts-/Netzvorwahl ohne Null plus Anschlussnummer. Von Norwegen in die Schweiz 0041, nach Österreich 0043 und weiter wie oben. Aus dem Ausland nach Norwegen: 0047 vorwählen. Telefoniert werden kann in öffentlichen Telefonzellen (teils mit Münzen, teils mit Telefonkarte teils mit Kreditkarten) sowie in ausgeschilderten Privathäusern (»telefon«). Das Telefonieren von Norwegen aus ist relativ teuer, das Telefonieren nach Norwegen kommt billiger. Mobiltelefone sind in Norwegen weitaus verbreiteter als in Deutschland, das Funknetz ist auch in Berggebieten ausgezeichnet. Wer mit der Kombination WAP/UMTS-Handy + Laptop/Organizer ins Internet gelangen und E-Mails empfangen und senden will, erkundigt sich

Reisetipps / Impressum

bei der jeweiligen Telefongesellschaft nach den Interneteinwahlnummern, die in Norwegen gewählt werden müssen.

Unterkunft
Während der Unterkunftsstandard in Deutschland »Hotel« heißt, ist in Norwegen die »Hytte«, d. h. das in Holz erbaute Châlet, die meistgenutzte Unterkunft; das Schild »rom« verweist auf die dritte Variante: das Zimmer in einem Privathaus. Hotels haben in Norwegen eine Tradition als Luxuseinrichtung, die überwiegend von wohlhabenden Ausländern (Deutsche und Briten) genutzt wird. Die Bezeichnung »Hotell« signalisiert den Anpassungswillen der Gäste an internationale Etikette, die »hytte« hingegen steht für die individualistische einheimische Tradition: Man hat seine Ruh´, muss aber selbst kochen. Größe und Ausstattung der in Holz erbauten Châlets variieren beträchtlich. Die Wochenpreise für eine komfortable »feriehytte« beginnen derzeit in der Hauptsaison bei ca. 500 Euro, für weniger gut ausgestattete Hytter, die man auf der Reise für eine oder zwei Nächte auf Campingplätzen oder Bauernhöfen benutzt, sollte man pro Tag ca. 50 Euro und in Stadtnähe mindestens (!) 60 Euro veranschlagen. Die »feriehytter« sind derart begehrt, dass man spätestens im Herbst für den kommenden Sommer buchen sollte, für die »normalen« Hytter auf Campingplätzen und Bauernhöfen ist hingegen meist keine Voranmeldung erforderlich, zumindest in der Nebensaison. Die meistgenutzte Low-Budget-Variante ist das Zelt. Der Allemannsretten (Jedermannsrecht) gestattet es allen, in der Utmark (unkultiviertes Land) zu zelten, sofern dies rücksichtsvoll gegenüber der Natur geschieht. Für naturverbundene Wanderer und Trekker bildet das Allemannsretten die Voraussetzung für preiswerte Bergfahrten: Man wandert mit Zelt und kann es überall aufstellen, wo dies nicht durch Hinweisschilder verboten ist.

Währung und Zahlungsmittel
Währungseinheit ist die Norwegische Krone (NOK) à 100 Øre. Der Wechselkurs liegt bei ca. 1 Euro = 8,270 NOK. Die Bezahlung erfolgt bar oder mit Kreditkarte.
Da elektronische Geldbörsen vor allem in Form konzerngebundener Cash Cards (Tankstellen, Supermarktketten) weit verbreitet sind, gibt es mit Kreditkarten Probleme: Während selbst abgelegenste Berghütten die bekannten Kreditkarten als Zahlungsmittel akzeptieren, ist man an den meisten Tankstellen gezwungen, die Tankfüllung mangels Cash Card bar zu bezahlen.
Mit Euroschecks kann nicht bezahlt oder Geld gewechselt werden, am preiswertesten gibt es Geld mit der Euroscheckkarte: Fast jedes Geldinstitut hat einen Geldautomaten, der nach Einführen der Euroscheckkarte und Eintippen der PIN den gewünschten Betrag ausgibt; stellen Sie sich sicherheitshalber darauf ein, dass die Geldautomaten nur während der Banköffnungszeiten funktionieren. Wegen der heutigen Schnelllebigkeit ist es ratsam, sich vor Antritt der Reise nach den gültigen Usancen zu erkunden. Wer zu mehreren reist und Bargeld wechselt, tut das am besten nicht individuell, sondern gemeinsam, dann verteilt sich die ansonsten pro Kopf anfallende Wechsel-Grundgebühr auf mehrere.

Lektorat:
Robert Fischer

Bildredaktion:
Martin Schulte-Kellinghaus

Layout:
Werner Kopp

Alle Abbildungen:
Martin Schulte-Kellinghaus und Erich Spiegelhalter

Alle Texte:
Bernhard Pollmann

Alle Angaben dieses Werkes wurden von den Autoren sorgfältig recherchiert und auf den aktuellen Stand gebracht sowie im Verlag auf Stimmigkeit geprüft. Für die Richtigkeit der Angaben kann jedoch keine Haftung übernommen werden. Für Hinweise und Anregungen sind wir jederzeit dankbar. Bitte richten Sie diese an den Bruckmann Verlag, Lektorat, Postfach 80 02 40, 81602 München, e-mail: lektorat@bruckmann.de

Gesamtverzeichnis gratis:
Bruckmann Verlag GmbH,
81664 München
Internet: www.bruckmann.de

Umweltvermerk:
Gedruckt auf chlorfrei gebleichtem Papier.

Deutsche Bibliothek – CIP-Einheitsaufnahme
Ein Titeldatensatz für diese Publikation ist bei Der Deutschen Bibliothek erhältlich.

Printed in Hungary bei
Realsystem
ISBN 3-7654-3916-9